AF143291

© 2022 Lola RIL,
Édition : BoD – Books on Demand, info@bod.fr
Impression : BoD – Books on Demand,
In de Tarpen 42, Norderstedt (Allemagne)
Impression à la demande
ISBN : 978-2-3224-4143-3

Dépôt légal : août 2022

Les Ecrits de Lola,

ou le fantastique imaginaire !

Ecrits et poèmes choisis

@RIL   **Lola RIL**

Illustrations – LOLA RIL
Montages photographies personnelles

Une envie d'évasion, de dépaysement ou simplement le besoin de se poser un peu !

Suivez le papillon, il sera votre guide au cœur de cette balade bucolique.

Au fil des mots, des rimes vous découvrirez le merveilleux, l'insolite, au travers d'écrits divers vous plongerez dans le fantastique.

Alors, laissez vagabonder votre esprit !

Belle lecture

Lola

follow me!

DREAMS

Tel un songe d'Hiver,
nos rêves ne sont que douceur.
Après la neige éphémère,
se réveilleront les couleurs.

Tel un songe d'Été,
nos rêves ne sont que volupté.
Après le soleil brûlant,
l'on s'aimera au couchant !

Tel un songe d'Automne,
nos rêves sont colorés.
Ainsi les feuilles tourbillonnent,
chimères aux reflets dorés !

Tel un songe de Printemps,
nos rêves sont charmants.
Ainsi la nature s 'éveille,
divine merveille !

SPRING and LOVE

Il est au seuil de nos portes, son doux
parfum nous transporte ! telles nos caresses
mon Amour.

Le chant mélodieux, d'un rossignol
amoureux ! telles nos envies mon Amour.

La couleur magnifique, d'un parterre de
tulipes ! tels nos baisers mon Amour.

Une ondée légère, d'une giboulée
printanière ! tels nos fous rire mon Amour.

La nature s'éveille, tout n'est que merveille !
tels nos câlins mon Amour.

Le Printemps est là, enfin les beaux jours !
telle la douceur de tes bras mon tendre
Amour.

THE SUN

Ton amour est aussi doux,

que la caresse du soleil d'Avril sur mes
joues.

Ton amour est aussi passionné,

que l'ardent feu du soleil d'Eté.

Ton amour est aussi enivrant

que le pourpre du soleil couchant

AUTUMN

Le voilà, depuis quelques semaines,
il s'est installé.
L'Automne a coloré les plaines,
estompé l'Été !
Sa palette de couleurs ravit les amateurs,
de belles images chamarrées,
de ses subtiles odeurs,
et ses saveurs acidulés.

L'Automne honore nos morts.
Il fait naître des remords.
Il invite de viles créatures.
Ainsi, donnés en pâture,
nous sommes prisonniers
de nos âmes torturées.

L'Automne s'est installé.
Afin de nous offrir,
et ce pour nôtre plus grand plaisir !
De sublimes paysages bigarrés,
que l'artiste souhaite croquer,
que le photographe veut capturer.
Certains aiment les apprivoiser,
et que, je laisse m'inspirer.

Artiste en herbe,
ou Maître d'Art ?
Colorer est le verbe,
qui fait de son œuvre du grand Art !

JANUARY

En ce début d'année,
Janvier s'est installé.
Son nom, il le tient
d'un Dieu romain.

Mois de glace
par excellence !
de son manteau blanc,
il recouvre de féerie,
forêts et prairies
délicatement !

Personnage légendaire,
d'un bienveillant caractère
Bonhomme Janvier
le bien nommé !

Mois des Rois,
autour d'une galette
réunit les villageois,
pour un jour de fête.

ARTIST AND LOVE

Toi, l'Amour de ma vie !
Tu fais naître tant de rêveries.
Tu as cette faculté d'éveiller,
par le simple fait de les évoquer ;
les plus belles émotions,
les plus douces sensations.

Toi, l'Artiste de ma vie !
Tu fais de celle-ci,
un somptueux tableau de mille couleurs,
peint avec les élans de ton cœur.
Grâce à notre volupté, nos plaisirs,
tu sculptes notre avenir.

J'aime ta créativité,
qui fait de toi cet homme passionné.
J'adore ta maladresse,
qui fait de toi cet homme plein de tendresse.
Tu me dis que je suis ta muse,
cela me fait rire et m'amuse.

MAGIC ANIMAL

De tes mains naissent des objets,
qui font rêver.
De tes mains naissent en moi,
de divins émois.

Tu es un artiste,
telle une améthyste.
Cet aspect de toi,
brille de mille éclats.

Tu crées de tes mains,
d'étranges animaux,
aux merveilleux plumages,
grâce à des bouts de métaux,
qui ont traversé les âges,
tels sont leurs destins.

Tes mains créent,
elles sont animées.
Tes mains caressent,
elles ne sont que tendresse.

HOT BODY

Nos lèvres se sont effleurées.

Nos baisers nous ont comblé.

Nos étreintes nous ont rapproché.

Nos caresses se sont intensifiées.

Nos corps se sont enlacés.

Telle a été notre passion, pareille à une explosion !

KISSES

Tes baisers sont si câlins, lorsqu'ils touchent
mes mains.

Tes baisers se font *bisous* lorsqu'ils se
glissent dans mon cou.

Tes baisers sont divins comme un rêve,
 lorsqu'ils se posent sur mes lèvres.

Tes baisers se font taquins, lorsqu'ils
s'attardent sur mes seins.

Tes baisers sont si tendres que je ne peux
m'en défendre.

Tes baisers sont si coquins,
 lorsqu'ils caressent le creux de mes reins.

Tes baisers sont de l'or, lorsqu'ils frôlent
tout mon corps.

Tes baisers ne sont que douceur
parce qu'ils me touchent en plein cœur.

Extraits de mon 1er Roman

Les Chroniques de la Plume

Saga fantastique

1ere période

Sortie en avril 2022

Le mythe et les 5 Légendes

LES CHRONIQUES DE LA PLUME
LE MYTHE ET LES 5 LEGENDES

Un vieil écrivain, l'Écrivain fou, vole les notes et la Plume de Lola, une nouvelle auteure qui s'apprêtait à écrire des chroniques où se mêleraient réel et imaginaire. Phélon, un gnome sournois au service de l'Écrivain fou va finir par le trahir pour venir en aide aux différents personnages.

Au fil des pages de ce premier opus, vous vous verrez transportés vers des mythes et légendes, de la réalité à la fiction, en passant par la magie, la rêverie, et toutes sortes d'émotions ; tendresse, colère, tristesse, humour, dérision, et parfois même la sagesse !

https://auteurelolaril.com

Aux confins de l'Orient…

Sur cette mer d'huile émeraude glissait la coque d'un bateau entièrement latté en iroko brun. Muni de trois mats où flottaient timidement des voiles pourpre, telles des ailes de dragon, cette petite embarcation avait l'allure d'un animal fabuleux.
L'horizon marbré d'ocre orangé laissait entrevoir un magnifique levé de soleil.

Un jour nouveau se profilait…

« - Livia, Livia ! chuchota Sven
- Oui Sven
- A quoi penses-tu ?
- Rien, j'admire ce paysage, n'est-il pas sublime ? ces cerisiers en fleurs sur la rive là-bas, c'est si apaisant !
- Oui c'est joli ! qu'est-ce qu'on fiche sur ce rafiot ?
- Je ne sais pas Sven, le sens de l'orientation d'*Hexe* n'est sûrement pas infaillible ?
- C'est clair, mais au moins ici c'est calme ! Larousse d'après vous où sommes-nous ?
- Monsieur Sven, si je m'en réfère à Cycla et ce magnifique temple qui se dessine au loin Ils détournèrent le regard, et le virent…
- Waouh ! regarde ça Sven ! c'est grandiose !
- Grandiose : qui frappe l'imagination par un caractère de grandeur !

- Tiens, ça faisait longtemps !!!
- Exactement, très chère, grandeur ! c'est le terme adéquat devant cet édifice ! nous devons être au Pays du soleil levant !
- En Chine !!! s'étonna Sven
- Oui, je pense effectivement que nous nous trouvons en Asie.
- Regardez ! » s'écria Livia

La végétation s'ouvrit devant eux, les cerisiers formèrent une haie d'honneur parfumée et féerique. La jonque s'enfonça tout en douceur au cœur de ce paysage.

Ils se trouvèrent face à ce panthéon dédié aux éléments.
Entouré de cercles joints par des escaliers de marbre blanc et de somptueux piliers ouvragés ivoire.

Un pavillon circulaire coiffé d'un dôme construit sur un tertre porté par des colonnes blanches. Ses tuiles bleues symbolisant le ciel. Des terrasses richement ornées de pierres précieuses.

Agrémentées de bambous sacrés, de florifères rhododendrons blancs, de sublimes camélias rouge sang, de majestueux magnolias rose, il régnait en ces lieux une plénitude absolue.

S'y trouvaient également des bassins où fleurs de lotus et carpes Koï se côtoyaient paisiblement.

De larges dalles de marbre gris séparaient les petits palais construits tout autour de l'autel central. Leurs tuiles vertes représentant la terre.

Sur chacune des neuf montées des marches qui convergeaient toutes vers le palais central, neuf statues se hissaient fières et braves. De valeureux guerriers Samouraïs gardiens de ce temple sacré.
Nos héros étaient tous, sous ces charmes d'Orient. Même Vikie, en avait les boulons tout dévissés !

« - Ce doit-être le *Temple du Ciel,* quelle merveille ! s'extasia Larousse
- Oui c'est prodigieux …
- Prodigieux : qualifie quelque chose d'exceptionnel, de plus grand !
- Oui, Vikie, pour une fois je suis d'accord, c'est exceptionnel ! s'accorda Livia
Qu'allait leur réserver, ce palais ? Sven était sur la défensive
- Bon c'est bien joli tout cela ! mais que fait-on ? vous vous souvenez du château féerique… hein ? *Dracula !* je ne voudrai pas rompre le charme, mais restons sur nos gardes ! était-il prêt à dégainer

- *La prudence repose dans le cœur du sage (Salomon)* ! apparut *Canj Dee*
- Tu es là… toi ? pourquoi tu ne parles qu'à moi ? tu ne pourrais pas avertir quand tu débarques sur mon épaule ? Chuchota-t-il
- Parce que je suis ta conscience !
- je t'ai déjà dit que je n'avais pas besoin de toi, mon moi et moi nous allons très bien !
- En es-tu sûr ? je te trouve plutôt confus !
Le chaos est tout ce qui produit la confusion dans notre esprit ! (G. Santayana) Sven commençait à perdre patience
- Quoi ?... merci pour tes conseils auxquels je ne pige rien ! tu veux bien disparaître, à force de me voir causer tout seul, ils vont me prendre pour un cinglé ! » à ces paroles *Canj Dee* disparut...

Pendant ce temps,
chez l'Écrivain fou, 2020…

Non, non ! mais c'est quoi ce temple zen ? C'est toi ? hein ! c'est toi sale plume de malheur ! pestait Roman

Bien sûr, tu ne crois tout de même pas que je vais te laisser faire ? espèce de dégénéré ! s'égosilla Petit Crayon

Je vais te faire voir moi ! ça va faire mal, très, très mal ! C'est toi qui l'auras voulu ! Regarde ce qu'il va arriver à ta Lola !

Il prit violemment la plume, la plaqua contre sa tablette. Petit Crayon la mine écrasée sur l'écran, distingua Lola étendue inconsciente sur le divan du salon.

Phélon, le gnome à ses côtés prêt à lui infliger les pires sévices selon les obscurs desseins de son maître !
Retirant la plume du petit écran, notre écrivain fou reprit le contrôle de Petit Crayon !

Tu as compris, j'espère ? je n'ai qu'un ordre à donner, et hop ! ce sera game over pour ta chère auteure ! c'est clair ! menaça Roman

Oui, j'ai saisi, sale macaque ! oh, Lola ! pardonne-moi, je suis désolé, mais je n'ai guère le choix ! comment leur venir en aide et te protéger ? quel dilemme ! se tourmentait-il

Bon où j'en étais moi ? ah ! ils ne vont pas s'en sortir cette fois ! se réjouit-il…

Au cœur du Temple…

Un bruit assourdissant vint troubler la balade de nos deux héros.

Un éclair retentit, le dôme du pavillon central venait d'être touché.

Le ciel s'assombrit, d'énormes nuages noirs se formèrent aux dessus de leurs têtes.

De violentes bourrasques balayèrent les fleurs des cerisiers ne laissant plus que de lugubres branches s'agitant dans tous les sens, tels des pantins désarticulés.

Un voile brumeux couvrit l'horizon. Il commençait à pleuvoir, d'énormes gouttes tombaient sur le sol qui se transforma aussitôt en un torrent déchaîné.

Emportant tout sur son passage. Engloutissant la jonque, les armures, les marches de marbre s'arrachèrent. Tout disparaissait peu à peu.
Les ondes, les remous se succédaient. Des murs d'eaux se fracassèrent sur une des façades de ce panthéon dédié aux éléments.

Désormais une mer d'encre entourait le sanctuaire. Tel un petit îlot pris au piège au milieu du déferlement des plaies de l'enfer.

Soudain les vagues formèrent une toupie tournant sur elle-même. A l'intérieur de laquelle on pouvait distinguer des nuages spiralés, jaillit une étrange créature.

Un corps de lézard, rehaussé de cinq têtes de serpents aux crocs acérés, une carapace cuivrée impénétrable, des griffes ivoires de rapace, des ailes ébène de dragon !

Nos deux héros, étaient en mauvaise posture.
« - Livia… Livia, donne-moi la main… attrape ma main, accroche-toi ma belle ! encouragea Sven
Livia était suspendue à l'une des rambardes de marbre qui tenaient encore debout.
- Je fais… ce que… je peux, attrape mon sac… mon sac Sven !
- Tu crois vraiment que c'est essentiel, Livia ?
- Attrape mon sac… je te dis, tiens !
Sven attrapa la sacoche, que venait de lui lancer Livia
- Merci… maintenant… je vais me balancer… afin de pouvoir toucher ta main… je ne vais pas tenir longtemps ! ahhhhh…
- Livia !!! c'est ça ma belle… tu y es presque, allez encore une fois… voilà !
De leurs côtés Larousse et Vikie avaient été séparés
- Mademoiselle Vikie, très chère où êtes-vous ? envoyez-moi un son, s'il vous plaît de grâce ! » implorait Larousse qui se trouvait dans un des petits pavillons du côté épargné par ce cataclysme.

Vikie comme à son habitude, non aguerrit aux techniques de combat. Se protégeant de l'élément le plus néfaste pour elle, qu'était l'eau ! avait trouvé une cachette adéquate pensait-elle à l'intérieur d'une des armures/ statues samouraï.

Livia allait-elle réussir à rejoindre Sven ?

« - Voilà… attends… c'est bon… tout va bien, je suis là ! rassura Sven en remontant Livia

- Ouais… ok, Sven je t'en dois une !

Sven avait eu si peur pour Livia, son cœur battait encore très fort…

- Oh, je suis si content que tu n'es rien ! il l'a pris dans ses bras

- Oui, moi aussi Sven… Sven… Sven tu crois que c'est le moment-là ? sentant ses mains sur ses fesses, même si elle appréciait d'être dans ses bras. Sentir ce torse baraqué contre ses seins, lui intimait une drôle de sensation !

- Oui, désolé, ce n'était pas intentionnel ! Sourit-il.

- Ouais… admettons ! nous devons retrouver Larousse et Vikie !

- Oh… oooh, Liv....ia, Livia, c'est quoo...oi ce truc ? » bafouilla Sven en se retournant.

Il était là, flottant devant eux. De ses gueules, soufflait un voile opaque nauséabonde. Ses regards globuleux le rendaient fabuleusement hideux.

Soudain une créature onirique surgit du tréfonds de ce lugubre océan.
Une somptueuse chevelure bleutée, rehaussé d'un diadème surmonté de trois piques cristallines symbolisant un trident.

Un buste où trônaient deux seins, fiers, ornés d'aigues-marines, de longs bras, des mains filiformes, une queue de poisson aux reflets irisés.
Autour du cou un collier de perles qui enserraient un peigne magique en forme de coquille Saint-Jacques.

NINGOY VS HYDRA

Profitant de cette intervention divine, Sven et Livia se jetèrent dans le vide afin d'accéder au pavillon en contrebas qui ne semblait pas avoir subi de dégâts.

« - Waouh… quel saut ! s'exclama Livia en réajustant la sangle de sa sacoche.
Ils regardèrent Larousse, comprenant que quelque chose n'allait pas
- Larousse… ça va... où est Vikie ? implora Sven
- Je ne sais pas… nous avons été séparés… dès les premiers assauts des eaux…
- Non… non ! il faut que nous la retrouvions ! s'écria Sven
- Je l'ai cherché, l'ai appelé, mais en vain !
- Vikie, Vikie, tu es là, réponds ? ce n'est pas le moment d'être susceptible ! appelait Livia
Lorsqu'ils entendirent de petits bruits, tels des coups de marteaux sur une enclume, provenant de ce qui semblait être un sarcophage…
- Là… là… venez m'aider ! appela Livia
Une fois la statue samouraï debout, ils sortirent Vikie de ce carcan.
Toujours aussi prévenant Larousse prit la main du petit robot
- Oh… très chère décidément, vous me surprendrez toujours… vous n'avez rien ?
- Vikie, ça va ma jolie ? attends, laisse-moi t'aider à marcher, Sven lui prit le bras

Livia se surprit à ne pas réprimander Vikie, malgré la petite pointe de jalousie qu'elle ressentait, bien malgré elle…

- Eh bien Vikie, tu es pragmatique ! l'armure de Samouraï, tu m'épates !

- pragmatique : une personne qui atteste du souci d'être proche du concret

- Oh…Vikie, je t'adore ! s'exclama Livia en la serrant contre elle

- Je t'apprécie aussi Livia !

Des cris stridents, des hurlements, les ramenèrent à la dure réalité !

- Larousse, une idée de quoi, ou à qui nous sommes confrontés ? s'informa Sven, son arc entre les mains

- Une Hydre, selon la mythologie grecque, un serpent à plusieurs têtes, mi dragon, mi créature chimérique. Lorsque on lui coupait une tête, deux en repoussaient. La seule façon d'en venir à bout, étant de brûler chaque blessure après l'étêtage de celle-ci, en prenant soin de couper la tête centrale en dernier. Son haleine était mortelle, en son sang coulait un puissant poison.

- Vous pensez que la sirène a une chance ?

- Sans doute, attention, mademoiselle Livia, reculons-nous ! il ne faut pas inhaler ses souffles ! »

L'Hydre aux regards perçants, lançaient de puissants nuages empoisonnés.

La sirène évitait chaque assaut, tournant, virevoltant, tel un balai aquatique.

Elle prit son diadème qui se transforma aussitôt en un divin trident.
Le lançant sur l'une des têtes du cerbère, qui tranchée net s'enfonça dans les abîmes. Sans perdre un instant, elle lança un éclair fulgurant de son peigne magique afin de stopper la repousse des nouvelles têtes.

Elle renouvela les coups de tridents et les jets de feux.

Le dragon n'ayant aucun répit, ne put réagir.

Chacune de ses têtes s'engouffrèrent dans un râle, une plainte, un déchirement pour des milliers d'années dans cette morne immensité.

Le corps de cette horrible créature tourbillonna, puis tomba lourdement et disparut dans les abysses des profondeurs.

Le vortex d'eau se referma peu à peu, laissant place à nouveau à la lumière et la beauté de ces lieux. Tout redevint coloré, parfumé, paisible.

« - Quel combat de titans ! vous avez-vu ça ? bondit Sven

- Oui, en effet c'était spectaculaire ! sauta Livia

- Spectaculaire : qui frappe la vue, provoque l'étonnement

- Pourriez-vous m'aider, je vous prie ? Demanda la créature marine qui commençait à suffoquer, n'étant plus au contact de l'eau.

- Oui, oui évidemment ! attention, 1,2,3 ! Dans un effort commun nos compagnons déposèrent délicatement la sirène dans un des bassins aux carpes Koï

- Merci, je ne voulais disparaître sans vous avoir salué !

- Vous avez été fabuleuse, extraordinaire ! félicita Livia

- Je déteste ce genre d'intrusion. Je suis *Ningyo* la sirène, gardienne onirique de ces lieux. Voici *Kushi* mon fidèle peigne magique. Combattre *Hydra* intervient une fois toutes les 2000 lunes…@RIL

OCEAN

Toi pour qui la Mer
était ton énergie.
Cette immensité fut ton Univers,
son rivage le paradis.
Moi pour qui la Terre
était pure énergie.
Cette étendue restera un mystère
sa splendeur la féerie.

Toi qui naviguais sur l'Océan de la
mélancolie,
moi qui n'osais m'aventurer,
dans ce vaste inconnu,
tu es apparu tel un ange.
Au moment où je perdais pieds,
seule et perdue !
Tu as fait disparaître la monotonie,
le jour où tu m'as aperçu sur ce rivage.

MOKINGBIRD

Le bruissement de l'eau
qui ruisselle, berce mon cœur.

Il fait si beau,
j'entends un merle moqueur.

Il se fout bien que l'on soit en
Novembre,
j'aimerai tant pouvoir fendre,

l'onde à l'aide d'une baguette,
de loin le merle me guette,

qu'elle soit magique ou de sourcier
elle m'amènerai près de toi sans se
soucier

que nous sommes séparés
par cette immensité.

BLACK AND WHITE

L'image en Noir et Blanc
qui paraît d'un autre temps.

Évoque parfois une grande passion
que l'on déploie avec beaucoup
d'attention.

Notre œil est fasciné.
Tel l'objectif qui l'a capturé.

Notre esprit peut rêver.
Telle nôtre âme qui l'a emprisonné.

La photographie reflète la réalité.
Le photographe projette sa créativité.

L'image en Noir et Blanc
que l'on sublime délicatement.
Évoque en nous l'émotion,
qui amène à de douces sensations.

Extraits de ma Saga fantastique

Les Chroniques de la Plume

Prochaine parution (2023) :

2eme Période

Le Conte et les 4 Royaumes

L'orée, d'un pays fantastique…

Des racines profondes, des branches tortueuses et massives. De simples feuilles formaient de découpages arrondis asymétriques, vert foncé et vert pâle.

Ils rouvrirent les yeux. Ils se trouvaient aux pieds d'un énorme chêne, l'arbre magique par excellence !

« - Oh… où est passé le désert ? s'inquiéta Livia en ramassant son sac
- Aucune idée… tout va bien mon ange ? il prit son arc et son fourreau
- Très chère ?
- Vikie va bien !
- Lola ?
- Oui, Ronin et toi ?
- Merci, j'vais très bien, sympa d'poser la question ! » s'ébroua Phélon

Ils se relevèrent, firent quelques pas.

Il émanait de ces lieux une odeur boisée. Cet endroit semblait tout droit sorti d'un conte pour enfant.

Des bosquets ocre, jaune, pourpre. Tout le paysage flamboyait. Les feuilles aux teintes multiples. Le rouge pâle d'un merisier, les aubépines pourpre-rouge. Le jaune vif de l'érable, l'orange du hêtre, les folioles rouille du frêne.

La nature véritable faiseur de miracle ! la saison aux mille couleurs. Un feu d'artifice qui célébrait la fin de l'Été. Rendant hommage aux créatures des forêts.

Un écureuil sautait de branches en branches. Un mulot passait par là. Quelques champignons sortaient timidement çà et là, ne laissant entrevoir que leurs petites coiffes, ivoire, marron et orange.

De la bruyère formant de jolies haies violette et rose, donnait une touche de fraîcheur à ces incandescents tons de jaune-ocre marbrés d'orangé, rappelant les flammes d'un infernal brasier !

Le concerto de quelques grives aux abords d'une mare, où deux canards semblaient être entre grande discussion, tels leurs caquètements étaient rapides et puissants. Tout ce petit monde vivait en parfaite harmonie. Une sereine et poétique cohabitation.

« - Où sommes-nous ? c'est magnifique !
Lola était subjuguée

- J'allais le dire, ces couleurs ! constata Livia

- On se croirait dans une forêt magique ! tu
ne trouves pas mon cœur ?

- Oui, regardez un écureuil ! s'attarda Livia

- J'aim'pas les forêts, y'a des elf's, des fées,
des loups, des gross' bêt' féroc', ça craint !

- Tu es un farfadet, Phélon. Rien ne peut
t'arriver voyons ! rassura Lola lui souriant

- Soyons sur nos gardes ! intervint Ronin,
agaçait par le manège de Phélon envers Lola

- Je suis de votre avis monsieur Ronin

- Ouais… vieux, restons vigilants !
acquiesça Sven

- Très chère, vous ne dites rien, tout va
bien ?

- Vikie réfléchit ! pourquoi être ici ?

- Je me pose la même question très chère !

- T'inqu'ète l'robot ! on va savoir, les gars
trouv' toujours, pas vrai ?

- Oui, évidemment ! pour le moment
essayons de trouver un endroit où dormir, le
jour décline ! » suggéra La Plume.

Ils s'enfoncèrent dans le sous-bois. Le
craquement de leurs pas sur l'humus fit
s'envoler quelques étourneaux.

Ils continuaient leur exploration lorsque,
soudain ils virent une construction baroque
entre les branches d'un énorme chêne.

Des fenêtres à petits carreaux soutenues par des consoles où des pots multicolores se tenaient bien sagement alignés.
Une toiture en ardoises. Un jambage complexe servait d'assise à cette habitation.
Un escalier frontal et courbé permettait d'accéder à une terrasse ou trônait une balancelle agrémentait de coussins écrus et marron.

Dans cet entrelacs de branches était érigée une prodigieuse cabane.

Un mystère de plus à ajouter à ce bois fabuleux.

« - Quelle jolie maison ! Livia était fascinée
- L'on croirait une illustration de livres pour enfants ! remarqua Lola
- C'est cool comm' endroit, y'a des macarons, j'suis sûr, on va voir ? j'ai faim !
- Si nous allions jeter un coup d'œil ! Ronin ?
- Oui, je vais allez inspecter les lieux, vous, vous restez ici ! ordonna-t-il
- Non, nous venons avec toi, nous sommes une équipe ! il est temps que tu nous fasses confiance ! se crispa Lola
- Je suis d'accord avec toi, allons-y ! affirma Livia
- Bien… mais restez derrière moi !

- T'inquièt's, j'rest'rai bien loin derrièr' toi !
ironisa Phélon

- Très chère, permettez-moi de vous aider,
ces escaliers sont un peu étroits, Larousse lui
tint le bras

- Merci Larousse ! Vikie aime beaucoup Larousse !

- Très chère, je vous apprécie également.
Oh ! tout ceci est très embarrassant ! rougit-
il

- Embarrassant : état émotionnel causé par une
condition personnellement inacceptable ou révélée aux
autres !

- Tout à fait, très chère ! je souhaiterai que
cela reste un secret, voulez-vous ?

- Secret : information qui se trouve cachée ou
inaccessible !

- Voilà, c'est exactement ce que je souhaite.
Je vous remercie d'être si compréhensive
très chère !

- Alors, vous venez, Larousse, Vikie ?

- Nous arrivons, monsieur Sven ! venez très
chère. Nous voici ! ». Ils pénétrèrent à
l'intérieur de ce surprenant habitat.

L'intérieur de la bicoque perchée, était
douillet. De petits rideaux vichy rose,
agrémentés les fenêtres.

Une jolie table dressée, une nappe écrue, un immense bouquet de fleurs séchées.
Un pot de miel, un pichet de lait, des miches de pain dorées, une motte de beurre. Du chocolat frémissait dans une casserole, réservée au coin de l'âtre !

A l'étage, accessible par un escalier en colimaçon. Une pièce laissait entrevoir des lits en merisier, superposés, où étaient disposés des couvertures colorées. Aux pieds de ceux-ci, un coffre d'où dépassaient des jouets en bois. Un casse-noisette, une trottinette, un train, des raquettes.
Suspendus aux encadrements des fenêtres, des rideaux en coton ivoire, brodés. L'on pouvait y distinguer de petits papillons. Ils semblaient voleter au gré de la brise automnale de ce début de soirée.

Une autre pièce se profilait. Elle était plus spacieuse.
Des livres étaient posés, çà et là sur une petite commode, ainsi qu'une paire de lunettes.
Un grand lit, sur lequel était jeté un boutis aux formes géométriques aux couleurs de l'arc en ciel. Des voilages irisés. Conféraient à cette pièce une douce sérénité.

« - J'vous l'avez dit, y' a trop d'bonn' chos'.
Hum… j'ador' l'miel !

- Vas-y doucement Phélon ! cela dit, c'est
très appétissant ! répliqua Lola

- Tu viens mon ange ? j'ai les crocs !

- Avec plaisir, le fumet de ce chocolat, hum !

- Ronin, tu viens te joindre à nous ? invita
Lola

De plus en plus distant, La Plume trouvait
toujours un moyen de rester en retrait...

- Non… merci, je vais jeter un œil aux
alentours

- Très bien, comme tu veux ! Lola était
profondément blessée

Phélon profita de ce nouveau faux-pas de
Ronin, pour se rapprocher de Lola...

- Laiss' le bouder ma Beauté, hum ! c'est
trop bon l'miel !

- Tu sembles toujours affamé ? tu es
incroyable !

- J'aim' les douceurs, j't'ai déjà dit ! tu
t'rappell' ?

Lola oublia, l'espace d'un instant que Petit
Crayon, lui brisait le cœur, jour après jour

- Bien sûr, comment l'oublier ! elle lui tapota
l'épaule et esquissa un sourire

- Cette petite maison dans l'arbre, cela ne
vous fait pas penser à la maison des trois
ours ? suggéra Livia

- Effectivement ! ce conte pour enfant,

quelle jolie façon d'avoir échappé à ce désert
et ce vent tiède qui nous ensevelissait peu à
peu
- Oui, Larousse, aucune explication
cependant à nos sauts intempestifs ?
- J'avoue être quelque peu désorienté mon
jeune ami !
- Oh, t'bil's pas l'vioc ! on va dormir et
d'main on trouv'ra une idée
- Le nabot ! sachez premièrement que je ne
suis en aucun cas *vieux* ! deuxièmement, je
crains que vôtre raisonnement ne soit un peu
trop simpliste ! gronda Larousse
- Il a raison le gnome, tu es irrespectueux
comme toujours ! constata Lola
- Ouh… t'es chatouilleux, bon j'vais voir
d'hors si j'y vais
- Si j'y suis Phélon ! l'on dit, si j'y suis !
- Hein... quoi ? mais t'es pas là-bas, t'es là !
Ouh… ouh ! t'as b'soin d'sommeil ma
Beauté ! il sortit
- Ok, j'abandonne ! c'est un véritable clown,
irrécupérable, mais il est tellement drôle ! »
s'attendrit Lola
Phélon, donnait des coups de bottines aux
petits cailloux qui jonchaient le sol çà et là,
lorsqu'il entendit des chuchotements.

Pourquoi… je devrai le tuer ? pourquoi ?
ah… oui… Lola, je dois protéger Lola ! Il vit
Ronin parlait tout seul

Caché derrière un buisson, Phélon ne perdit pas une miette des faits et gestes de la Plume.

Y fait quoi, lui ? quand j'dis qui l'est pas net l'pyjama ! se tourmenta le gnome

Un nuage se dessina au-dessus de Ronin dans lequel il distingua le monstre au crâne vide, se transformer en la Prêtresse vaudoue, Phélon resta médusé !

Rest' concentré mon vieux, ça craint, j'entends rien… oh, la barb' !

Ronin se remémorait la discussion qu'il avait eu avec *Mama Romina* lors de leur arrivée dans la prairie. La créature, le nuage vert émeraude.

- Qui êtes-vous ? interpella Ronin en mode combat
- Inutile de vous agiter ! ordonna Mama Romina
- Mais enfin… pourquoi, où sommes-nous, que me voulez-vous ?
- Je suis Mama Romina, grande Prêtresse vaudoue !
- J'ai en effet entendu parler de vous, pourquoi avoir pris l'apparence d'un Wraith ?

- Dans le monde fictif mon apparence importe peu et je l'avoue, terrifier les humains m'amuse ! Seule ma magie est essentielle.

- Je le répète, que me voulez-vous ?
- C'est vous qui avez besoin de moi !
- Comment ?
- Lola vous a rejeté. Elle vous préfère le gnome, cet être vil, sournois !
- Quel est le rapport avec mes sentiments envers Lola ?
- Vous avez été trahi. Je veux vous aider à vous débarrasser du nabot. Lola vous reviendrait s'il n'était plus là !
- Comment... quel serait votre intérêt, que devrais-je faire ?
- Rien d'inavouable ! vous devrez les effrayer, les tenir éloignés du véritable univers. Seul le gnome peut vous y renvoyer !
- Je ne comprends rien à ce délire ! ceux sont mes amis. Vous êtes à la solde de ce fou de scribe ?
- Oui, et non, mais là n'est pas la question ! alors que décidez-vous la Plume ?
- Rien... voyons !
- Vous l'aimez ! elle vous a repoussé. Vous ne souhaitez que vous venger ! Tuer le gnome
- Non... Lola ne me le pardonnera jamais !
- Vous l'aimez, vous voulez vous venger ?

insistait la Prêtresse en psalmodiant cette
phrase encore et encore
- Non… non ! Je ne peux pas
- Tu l'aimes, tu dois te venger ! continuait
Romina
- Non… je ne...
Elle lui lança la poudre zombie au visage !
- tu vas te venger, tuer Phélon ! lui ordonna-
t-elle
- Oui… je dois tuer le gnome, me venger,
effrayer mes amis
- Parfait ton cœur est désormais noir, il se
nourrit de ton chagrin, de ta jalousie.
Personne ne doit s'apercevoir de ta
trahison ! tu dois te montrer prudent ! » elle
disparut
- Oui, Mama Romina veut que je le tue ! Il
faut que j'obéisse à la Prêtresse !
*p*salmodiait La Plume.

T'es d'mèch' avec cett'sorcièr' ? oh…la, la !
si j'leur dit, y vont pas m'croir', comme
d'hab ! le sal' trait'e, après tout c'qu'on a
fait pour lui ! s'alarma Phélon

Ronin se tourna, ayant entendu des pas. Le
gnome resta caché.

« - Qui est là ? montrez-vous !
- Ce n'est que moi Ronin, je venais à ta
rencontre. As-tu vu quelque chose ?
demanda Sven arrivant à sa hauteur
- Non, tout a l'air sous contrôle !

- Si tu le dis ! alors as-tu réfléchi à notre dernière conversation ?

-Tu le vois bien, elle n'a d'yeux que pour le gobelin !

- Ronin, elle est venue vers toi plusieurs fois ! Tu es un peu injuste là.

Je dois absolument lui cacher ainsi qu à tous, l'infâme dessein que Mama Romina et l'Écrivain fou, ont concocté envers le gnome

- Tu as sans doute raison, mais, je ne sais pas ce qui me retient de le... dit-il hargneux

Sven avait raison sur un point, c'était de la jalousie. Ingrédient principal qui allait permettre le bon déroulement de cette trahison, qui peu à peu s'immiscer contre nos amis

- Oh… là mon vieux ! réfléchis, ce n'est qu'un gnome, toi tu es un homme

- Pourquoi, voudrait-elle de moi ?

- Écoute, fais comme tu le sens, tu es borné. Je lâche l'affaire ! Sven s'éloigna lorsque...

- *La générosité ne tient pas toujours lieu de solution (R.Carbonneau)*

- Qu'est-ce que tu fiches là, toi ?

Oh ! voilà l'viking, y caus' tout seul ! cet endroit est trop bizarr'! observait le gnome

- Je te répète que tu es le seul à me faire apparaître !

- Ouais… ok… ok ! je ne sais plus quoi faire avec ce gars !

- Il a l'esprit corrompu, rien, n'y personne ne pourra lui venir en aide !

- Hein... que dis-tu ? pourquoi ou comment aurait-il le cerveau embrumé ?

- Je ne peux rien dire, toi seul doit le découvrir !

- Les erreurs sont les portes de la découverte (J.Joyce, écrivain)

Oh... mais non... y blablate pas tout seul, y' a un truc sur son épaul', ça craint là ! j'dois l'dir' à ma Beauté ! s'affola Phélon

- Encore une de tes énigmes ! tu m'ennuies, vas-t-en

- Sois prudent ! recherche la vérité » *Canj Dee* se dissipa au cœur d'un nuage bleuté.

C'était quoi c'p'tit bonhomm' ? c'est trop flippant ! grise min', qui s'est acoquiné avec la vieill'mégèr" ! Sven qui tap'la discut' avec un p'tit chinois ! c'est quoi c'délir' ? dubitatif, il se dirigea vers l'abri caché dans les arbres.

La voûte céleste formait un dôme protecteur, doux et suave. La forêt semblait dormir paisiblement. Seuls les rires des nymphes, des ondines, le balai des fées lucioles troublaient joyeusement ce silence. Tout ce petit peuple de la nuit vivait libre et insouciant dans ce lieu magique.

Chez la Grande Prêtresse, Réalité, 2021

N'y tenant plus, l'Ecrivain fou se rendit chez la Mama Vaudoue.

« - Alors, grande Prêtresse, comment se déroule notre plan ?
- Ne soyez pas si impatient Roman !
- Je veux que les héros ne s'en sortent pas cette fois. Cela n'a que trop duré !
- Notre tueur est dans la place, il doit simplement se montrer prudent. Son esprit est sous mon emprise, sa passion nourrit sa soif de vengeance. La fin est proche rassurez-vous !
- Je l'espère, si vous ne tenez parole. Vous savez ce qu'il nous en coûtera ?
- Serait-ce une menace, êtes-vous fou ! le fixa-t-elle
- Non, bien sûr que non, je suis un peu nerveux ! s'excusa-t-il humblement
- Je comprends votre impatience ! sachez cependant que je n'ai pas pour habitude d'échouer. Lui rappela-t-elle furieuse
- Le temps presse, grande Prêtresse… le temps presse... ! » @RIL

Lola RIL
Auteure
https://auteurelolaril.com

Extraits de ma Saga fantastique

Les Chroniques de la Plume

*Projet parution 2024 : **3eme Période***

Le Paladin et les 2 contrées

Pays de l'Écriture, des Scribes et des Poètes…

Si l'on s'en réfère à la définition historique d'un scribe, c'était une personne qui pratiquait l'écriture. Il écrivait des textes à la main, qu'ils soient administratifs, juridiques, religieux ou privés. Parfois, il en faisait des copies, c'est ainsi, qu'il fût assimilé à un copiste ou écrivain public.

Dans l'Égypte antique, il était un fonctionnaire lettré, éduqué à l'arithmétique, l'art et l'écriture. Il faisait fonctionner l'État du Pharaon.

C'est ainsi qu'Indoctus fût le premier d'une longue lignée d'érudits, scribes, écrivains, poètes qui forment l'étonnant arbre généalogique de Lola, notre Auteure des années 2020.

Ce scribe était connu pour ses extravagants et fabuleux travaux d'écriture.

Selon la légende, il avait une plume magique !

Elle lui avait été remise par un prince en guise de son infinie gratitude pour lui avoir sauvé la vie !

Ce demi-dieu, prince du soleil, se serait noyé sans l'intervention d'un jeune homme malingre, mal attifé qui promenait ses pas nonchalants près du fleuve, en quête de quelques poissons ou végétaux sauvages. Indoctus aspirait à devenir un grand Scribe qui marquerait son temps !

Mais il n'avait pas encore acquit la dextérité, ni la maturité pour avoir une écriture parfaite, dont il devait faire preuve pour demander audience au Pharaon afin que celui-ci approuve ses travaux et lui confie un emploi au sein de l'État.

Après ce sauvetage, Indoctus vit sa créativité décupler. En utilisant la Plume que lui avait offert le Prince en guise de récompense. Moins d'une année plus tard, il devint Scribe à la cour du Roi d'Égypte.

Au fil des âges, la Plume d'Indoctus passera de l'Antiquité grecque à l'Antiquité latine. Le Scribe deviendra poète.

Au moyen-âge, les poètes seront tour à tour des jongleurs, des troubadours ou des clercs.

Les seigneurs prendront la place des Pharaons et des Dieux.

Les poètes latins déclameront leurs vers tels des pièces de théâtres, tandis que les ménestrels composeront des poèmes lyriques s'accompagnant de musique.

Au XVe siècle, la poésie s'écrira en rondeaux et ballades, alors que le XVIe quant à lui, brillera par l'excellence des poètes de la Pléiade.
Ensuite suivront les mouvements baroque et classique du XVIIe. Puis viendra la littérature d'idées du XVIIIe pour laisser place à la poésie romanesque du XIXe.

Ainsi, la poésie moderne du XXe sera libérée des contraintes du vers et des rimes, faisant place aux versets, aux poèmes en proses.
De nos jours, celle-ci perdure au travers de la poésie sonore (Chansons, Slam) et des amoureux des mots, des phrases, telle Lola.

C'est ainsi que Petit Crayon, le meilleur ami de Lola, connu d'illustres personnages, réels ou chimériques.
La Plume traversa le temps et laissa son empreinte au cœur de l'écriture.

Qu'elle fût la compagne d'un poète latin, d'un ménestrel du moyen âge, d'un romantique du XIXe, d'un archiviste, d'un écrivain, sa seule vocation était et restera l'écriture.

Toujours selon la légende, la Plume n'a d'effet que si l'on croit en son pouvoir et c'est elle seule qui choisit la main qui la guide. Seuls les détenteurs légitimes du précieux fusain peuvent bénéficier de ses divins artifices.

C'est ce que comprit et ressentit Lola, le jour de ses 8 ans, lorsque son grand-père lui confia la Plume. Un grand pouvoir émanait de celle-ci, seule la croyance en ce charme lui permettrait d'utiliser ce crayon de façon magique.

Pays de la Magie, il y a fort longtemps…

Le tout puissant Druide Draoi excellait dans tous les domaines.

Cet intermédiaire entre les Dieux et les Hommes détenant le savoir et la connaissance était aussi le dépositaire des mystères de la cosmologie.

On ne pouvait lui donnait d'âge, ce vieil homme aux cheveux blancs, la barbe cendrée, semblait sortir d'un autre temps. Il observait de son regard clair la nature, et protégeait de sa bienveillance la Forêt enchantée.

Sous le Grand Chêne Blanc, il se tenait là, vêtu d'une longue toge ivoire, ornée d'une ceinture bleu roi et or, nouait sur le côté. Aux pieds, il portait de simples sandales de cuir marron.

Ainsi, muni de son sceptre rehaussé d'un pommeau serti d'une pierre de Lune, de sa serpe, sa gourde, accrochées à sa ceinture, il parcourait le sous-bois afin de s'assurer que son petit monde féerique vive en parfaite sérénité.

Draoi était fasciné par l'Univers, de constellations en planètes, de calculs en conjectures, il finit par créer le fameux calendrier lunaire.

Outre ses innombrables facultés, il endossait parfois le rôle d'un politicien ou d'un prélat judiciaire. Il était donc à la fois craint et adulait, statut qui était loin de lui déplaire !

Le Druide des druides vouait une véritable passion pour l'Écriture.
Son esprit produisait de fabuleuses épopées où tous les êtres qu'il côtoyait l'inspiraient. Les fées lucioles, les elfes, les ondines, les farfadets, ces petits êtres qui peuplaient la forêt enchantée évoluaient-ils sous le plume de Draoi.

Pour se faire, il avait conçu un étonnant porte-plume. Il fut confectionné grâce à une Plume de Phénix symbolisant l'infini cycle de vie et mort. Son écrin fût façonné dans le cœur de la plus haute branche du Grand Chêne Blanc représentant la suprématie de la magie.
Seule cette ramure pouvait donner vie au Gui, la divine guérisseuse aux perles nacrées.

Son écriture créative devint peu à peu mystique, tous les éléments se mêlaient à l'esprit du mage.

On ne parlait plus que de la Plume enchantée, c'est à ce moment que l'ensorceleuse Zauberin fit son apparition. Une sorcière d'une extrême et dangereuse beauté !
@RIL

L'Oise

Lola RIL
Auteure
https://auteurelolaril.com

Extraits de ma Saga fantastique

Les Chroniques de la Plume

*Projet parution 2024 : **4eme Période***

Le Grimoire et le 7eme Artéfact

Un lieu féérique !

En cette période, la nature est plus belle que jamais. Elle offre une telle palette de tons, que ses reflets rubis, émeraude, saphir, topaze, améthyste, provoquent une telle explosion de couleurs que ses éclats peuvent être assimilés à la plus magnifique des pierres précieuse, déposée dans le plus délicat des écrins ! Grand-père avait une très élégante et poétique façon de décrire ce qui l'entourait. L'on pouvait aisément imaginer, se trouver face à un délicat portrait ou un immense tableau avec une mise en scène incroyable qui se jouerait sous nos yeux. Les couleurs, les odeurs, les intentions seraient palpables, enfin pour moi c'était le cas et ça l'est toujours !

Une douce et subtile fragrance émanait des tons d'orange, abricot, mandarine, parfois vanille. Ainsi le jaune aurore, vénitien, ocre et or, nous permettait de découvrir au travers du feuillage de ces arbres parfois centenaires qui n'ont cependant rien perdu de leur imposante et majestueuse allure, l'astre fabuleux apparaître ou disparaître inlassablement depuis la nuit des temps !

Leur ombrage vert sapin, mélèze, pin, sauge, tilleul ou bien encore impérial nous indique que leur couleur est indissociable de leur faculté à inspirer la Magie depuis des siècles !

À la suite de ses explications, nous entendions de petits bruits, ou nous apercevions de petites formes sauter de branches en branches, sûrement les farfadets farceurs dont faisait état grand-père, dans nos conversations secrètes, mais chut ! suivez-nous, allez venez, n'ayez crainte, nous veillerons sur vous.

Un tapis aux nuances lichen, mousse ou vert de gris que formait l'humus du sous-bois, nous conduisait vers une étendue vert printemps qui ondulait sous l'effet d'une brise légère, ainsi une douce musique parvenait jusqu'à nous. Les muses jouaient délicatement de la harpe, ainsi émanait de leurs divins instruments cette mystérieuse et envoutante mélodie.

Nous pouvions goûter au vert pomme, amande. Nous délecter du rouge cerise, groseille, framboise, fraise et grenade. Gambader et s'allonger au cœur du vert printemps et contempler le bleu azur, en s'imaginant déguster de mousseux blanc de lait.

En poursuivant notre balade au travers de ce nuancier grandeur nature, nous découvrions une mare où deux volatiles d'un bleu canard glissaient nonchalamment sur l'onde vert eau, où nous surprenions sans doute les Nymphes du lac, car de petits rires nous parvenaient parfois ! Grand père m'adresser un clin d'œil, je lui souriais et nous nous éloignions sur la pointe des pieds.

Nous prenions, ensuite le chemin noisette qui se déclinait en châtaigne, puis chocolat ce qui titillait nos papilles !
Nous passions du rouge coquelicot, au jaune bouton d'or, ou au bleu bleuet, où deux délicats papillons, blanc opalin ou jaune bulle voletaient et marquaient une courte pause.
Un bourdonnement se faisait entendre, une abeille couleur miel entamait un étrange balai au-dessus d'un bouquet jaune genêt, sans faire cas de notre présence !
Une coccinelle venait se poser sur ma main, je la laissais faire quelques pas, ça chatouillait, puis elle reprenait son envol, poursuivant sa course folle.

Ainsi au détour de ce sentier un peu féerique, nous terminions notre visuelle et olfactive excursion. Grand-Père et moi allions souvent faire de longs voyages au cœur de la forêt magique qui entourait le domaine.

C'est ainsi que je me souviens des saisons de mon enfance, et plus particulièrement le Printemps où tout n'était que merveille et enchantement !

L'enfant espiègle et insouciante que j'étais, beignait déjà dans la féérie et la magie…

Mais, le destin en décida autrement…

La nature aujourd'hui n'offre plus de sa palette de couleurs que de sombres tons. Il n'y a plus de reflets ou d'éclats. Seul un diamant noir sans teint, déposé sur un simple socle de fer, difforme et froid.
Pas de douces fragrances dans l'air, seules des émanations vertes de gris, chrome ou noir de fumée se diffusent dans cette atmosphère.

Il n'existe plus de feuillage, l'on ne distingue que des voiles phantasmagoriques au travers de branches biscornues gris fer, ou anthracite. Ils n'ont plus fières allures, leurs troncs sont meurtris par leurs grands âges. Ils sont à bout de souffle, ceux ne sont désormais que de vieux arbres sans nom, leur ombrage n'étant plus ! Nul ne sait où se trouve le vert mélèze, sapin, pin ou l'impérial. Personne n'entend plus de petits sons ou ne distingue plus de petites formes sauter de branches en branches. Seules de longues plaintes ou cris stridents rendent cet endroit terrifiant.

Une épaisse couche aux nuances plomb, gris acier, forme un étrange tapis qui ne conduit que vers une étendue kaki. Aucune mélodie ne parvient jusqu'à nous, les muses n'étant plus !

Plus rien n'a de saveur, tout est rouge sang, rouille ou cramoisi. Nous ne pouvons gambader, seul le vert malachite demeure ! Encore moins nous allonger, il ne reste hélas, plus rien à contempler, uniquement le gris fumée et les mousses délicates ne sont plus que des taches d'étain oxydé.

Nous poursuivons notre sinistre balade au travers de ce triste nuancier, nous découvrons une étendue visqueuse d'un bleu minéral, pétrole où des algues vert glauque, prolifèrent dangereusement se nourrissant des éléments de cette eau empoissonnée par le mépris !

Le chemin brou de noix, se décline en bitume, une odeur de gomme brulée émane de ce lieu !

Ainsi nous passons de la fraise écrasée, au jaune cobalt et fleur de soufre, sans oublier le bleu électrique. Aucun *butterfly,* encore moins de sentinelle de l'environnement ou de bête à bon dieu, ne croiseront notre chemin.

Au détour de ce sentier horrifique, nous terminons notre désolante et terrifiante incursion. C'est ce qu'il advint du domaine féérique de mon enfance, lorsque l'étrange et mystique inconnue s'y installa.

Désormais tout n'est que désolation, désarroi, angoisse, tristesse et amertume !

Elle a su avec perfidie et détermination
mélanger les couleurs afin d'obtenir le noir
parfait, intense. Elle a également élaboré
une parfaite déclinaison de celle-ci ! Ainsi,
ce blob noir corbeau se nourrit et ne cesse de
croître et de détruire tout sur son passage !...

@RIL

Ainsi, se termine la découverte d'une partie de mon Univers !

Ce monde ou l'imaginaire et la fantaisie se mêlent pour créer une fantastique épopée !

J'espère que vous avez eu autant de plaisir à lire, et feuilleter ce petit ouvrage que j'en ai eu à l'écrire et le mettre en page.

A très bientôt pour de nouvelles compositions,

Lola

Bibilographie

2 Nouvelles

1er Roman Fantastique

3 Recueils de Poésies